Mario Grasso

Was brodelt im Topf?

Mario Grasso

Was brodelt im Topf?

Kochen und backen
mit Mimmi und Tommi

BELTZ
& Gelberg

Mario Grasso, geboren 1941 in Mailand, lebt in Basel. Er absolvierte ein Grafik-Design-Studium, war Bühnenbildner und Mitarbeiter verschiedener Magazine. Er veröffentlichte Cartoons, Spiel- und Bilderbücher, darunter das *Drehbilderbuch* (Troisdorfer Bilderbuchpreis 1983), *Überraschungen, Der schlaue Bär* und *Knickbilder aus der Wundertüte* sowie das Spielebilderbuch *Mimmi und Tommi*. Außerdem illustrierte er die Gedichtsammlung *Sonne, Mond und Luftballon* von Josef Guggenmos.

Gullivers Bücher (19)
Originalausgabe

Programm Beltz & Gelberg, Weinheim
Reihenlayout und Einband von Wolfgang Rudelius, Friedberg
unter Verwendung einer Illustration von Mario Grasso
Gesamtherstellung Druckhaus Beltz, 6944 Hemsbach
Printed in Germany
10.87.1
ISBN 3 407 78019 2

Mimmi und Tommi sind zwei Mäuse,
die gerne spielen.
Sie kochen aber auch gerne. Kochen ist für sie ein Kinderspiel. In diesem Büchlein verraten sie ihre besten Kochrezepte, die allesamt ganz einfach nachzukochen sind. Mimmi und Tommi wünschen beim Kochen und Backen viel Spaß und guten Appetit.

Kochtopf
mit Deckel
Brat-
pfanne
Auflauf-
form

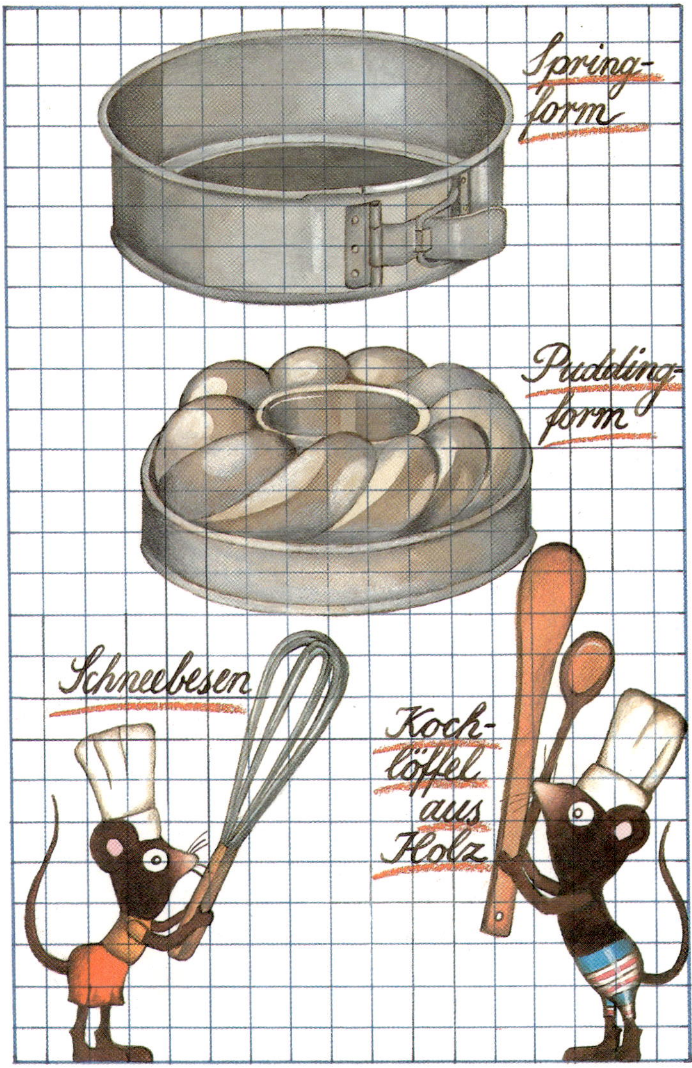
Spring-
form
Pudding-
form
Schneebesen
Koch-
löffel
aus
Holz

GEMÜSESUPPE

für 4 Personen

80 g **geräucherten Speck** in Würfel schneiden. 1 **Zwiebel** schälen und in feine Scheiben schneiden. 2 **Karotten** schaben und ebenfalls in Scheiben schneiden.
1 **Wirsing** halbieren und in Streifen schneiden.
3 **Kartoffeln** schälen und in Würfel schneiden.
Den Speck und die Zwiebel in einem Kochtopf mit 3 Eßlöffeln **Speiseöl** bei mittlerer Hitze gut anbraten und mit 2 l **Wasser** übergießen.
Das Gemüse hinzufügen und 2 **Brühwürfel** in der heißen Suppe auflösen. Gut rühren. Mit 1 Teelöffel **Salz** und etwas **Pfeffer** würzen und 1 Stunde weiterkochen. Jetzt brodelt's im Topf!
Beim Anrichten frische **Petersilie** über die Suppe geben.

Teigwaren werden aus Weizenmehl oder Grieß mit oder ohne Eier hergestellt.

GEBACKENE MAKKARONI

für 4 Personen

2 ½ l **Wasser** mit 1 Eßlöffel **Salz** in einem großen Topf zum Kochen bringen.
1 Eßlöffel **Speiseöl** dazugeben.
Wenn das Wasser sprudelt, 300 g **Makkaroni** hinzufügen, umrühren und 15 Minuten kochen lassen. Die Makkaroni in ein Sieb schütten, gut abtropfen lassen und in eine bebutterte Auflaufform geben.
In einer tiefen Schüssel 2 **Eier**, 200 ml* **Milch** oder **Sahne**, 80 g geriebenen **Käse** mit einer Gabel schaumig schlagen und über die Makkaroni gießen.
Ein paar dünne Scheiben **Frühstücksspeck** darauflegen und im Ofen bei 180 Grad goldbraun backen.

* 100 ml ist ungefähr der Inhalt einer Kaffeetasse.

NUDELAUFLAUF MIT PILZEN

für 4 Personen

2 ½ l **Wasser** mit 1 Eßlöffel **Salz** in einem großen Topf zum Kochen bringen.
1 Eßlöffel **Speiseöl** dazugeben.
Wenn das Wasser kocht, 300 g **Nudeln** hinzufügen, umrühren und 15 Minuten kochen lassen. Die Nudeln abtropfen lassen und in eine bebutterte Auflaufform geben.
300 g **Champignons** waschen und vierteln. Mimmi und Tommi verwenden manchmal auch Champignons aus der Dose.
In einer Bratpfanne 1 Eßlöffel **Butter** warm werden lassen und die Pilze mit ein wenig **Petersilie** und **Salz** bei guter Hitze 10 Minuten dämpfen. In einer tiefen Schüssel 3 **Eier**, 200 ml **Sahne**, 50 g geriebenen **Käse** mit einer Gabel schaumig schlagen und mit den Nudeln und den Champignons in eine bebutterte Auflaufform geben.
Im Ofen bei 180 Grad 30 Minuten backen.

OBSTSALAT

Mimmi und Tommi verwenden im Sommer natürlich anderes Obst als im Winter. Nämlich im Winter: **Äpfel, Orangen, Bananen** und **Ananas.**
Im Frühsommer: **Erdbeeren** und **Kirschen.**
Im Spätsommer: **Johannisbeeren** und **Pfirsiche.**

Obstsalat im Winter

Äpfel, Orangen und **Bananen** schälen und in Scheiben schneiden.
Ananas aus der Dose in kleine Würfel schneiden.
Die Früchte in eine Salatschüssel geben und mit ein wenig **Zucker** zwei Stunden ziehen lassen.
Beim Servieren alles mit dem Saft untermischen und darauf achten, daß die Früchte nicht zerstört werden.

ÜBERRASCHUNGS-MELONE

Den oberen Teil einer **Melone** abschneiden. Die Kerne im Innern der Melone mit einem Löffel entfernen. Das Melonenfleisch herausnehmen, in Würfel schneiden und mit einem Sommer-Obstsalat mischen.

Den Sommer-Obstsalat bereiten Mimmi und Tommi aus **Johannisbeeren**, **Pfirsichen**, **Aprikosen**, **Himbeeren** und ein wenig **Zucker**. Sie füllen den Obstsalat in die Melone, decken ihn mit dem Melonendeckel zu und lassen ihn im Kühlschrank ziehen.

QUARKSTOLLEN

für 4 Personen

In einer tiefen Schüssel 500 g **Mehl**, 3 Teelöffel **Backpulver**, 3 Teelöffel **Vanillezukker**, 1 Prise* **Salz** und 1 Messerspitze **Zimt** mischen. 150 g **Zucker** und **2 Eier** darunterrühren.
250 g **Magerquark**, 200 g in Stücke geschnittene **Margarine**, 100 g **kandierte Früchte**, 125 g gemahlene **Mandeln** und 125 g **Rosinen**, die man vorher kurz in Mehl gewendet hat, dazugeben.
Mit sauberen Händen alles zu einem Teig kneten. Auf einem Kuchenblech, das mit einer bebutterten Aluminiumfolie belegt ist, den Teig zu einem Stollen formen.
Im vorgeheizten Ofen bei 180 Grad 60 Minuten backen. Mit zerlassener **Butter** bestreichen und mit **Puderzucker** bestreuen.
Der Stollen schmeckt am nächsten Tag noch besser.

* Eine Prise ist die Menge, die zwischen drei Fingern Platz hat.

Figuren aus Mürbeteig

200 G. MARGARINE
250 G. WEIZENMEHL 80 G. ZUCKER
AUF EINEM HOLZBRETT ZU GESCHMEIDIGEM TEIG KNETEN.

1 STUNDE RUHEN LASSEN UND 4 mm DICK AUSROLLEN.

FIGUREN AUSSTECHEN ODER NACH SELBSTGEMACHTEN PAPPSCHABLONEN AUSSCHNEIDEN.

IM BACKOFEN BEI 200 GRAD GOLDBRAUN BACKEN.

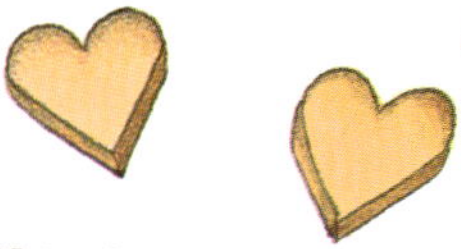

NACH ERKALTEN MIT ZUCKERGUSS BEMALEN.

ZUCKERGUSS: 1 ESSLÖFFEL KOFFEINFREIER PULVERKAFFEE
1 ESSLÖFFEL HEISSES WASSER IN EINER TASSE AUFLÖSEN UND MIT 100 G PUDERZUCKER GUT VERRÜHREN.

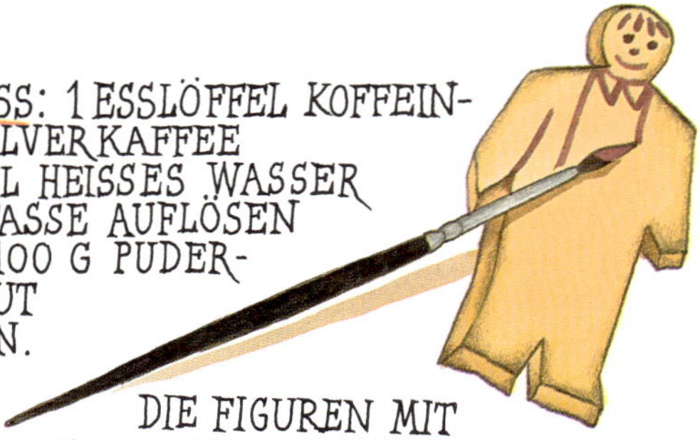

DIE FIGUREN MIT EINEM KLEINEN, SAUBEREN MALPINSEL BEMALEN.

Mimmi und Tommi trennen das Eigelb vom Eiweiß

DIESE TASSE FÜR DAS EIGELB

DIESE TASSE FÜR DAS EIWEISS

DAS EI WIRD AM TASSENRAND AUFGESCHLAGEN

DAS EI LASSEN SIE VON DER EINEN SCHALENHÄLFTE IN DIE ANDERE GLEITEN. DAS EIWEISS FLIESST IN DIE TASSE. IN DER SCHALENHÄLFTE BLEIBT DAS EIGELB.

GRIESSPUDDING

für 4 Personen

In einem Kochtopf 800 ml **Milch**, 100 g **Zukker** und eine Prise **Salz** zum Kochen bringen, und den Topf vom Feuer nehmen.
130 g **Grieß** mit einem Holzlöffel bei kleiner Hitze unter stetigem Rühren zu einem dikken Brei einkochen.
2 **Eigelb**, 2 Eßlöffel geriebene **Haselnüsse**, 3 Eßlöffel **Rosinen** * daruntermischen und abkühlen lassen.
2 **Eiweiß** mit dem Schneebesen zu steifem Schnee schlagen und unter die Masse ziehen. In eine ausgespülte Puddingform füllen und kühlstellen. Kurz vor dem Servieren stürzen, mit **Himbeersirup** übergießen und mit **Mandelsplittern** verzieren.

* ROSINEN sind getrocknete Trauben. Die großen nennt man ZIBEBEN, die kleinen, kernlosen, schwarzen KORINTHEN und die kernlosen, gelben SULTANINEN.

Orange · Apfelsine
Blüte
junge Frucht
REIFE FRUCHT

ORANGENSCHAUM

für 6 Personen

In einem Kochtopf 1½ Eßlöffel **Mehl**, 3 **Eigelb**, 75 g **Zucker** und ¼ l ausgepreßten **Orangensaft** mit einem Holzlöffel unter stetigem Rühren zum Kochen bringen.
Vom Feuer nehmen. 2 Minuten weiterrühren, damit sich keine Haut bildet.
Erkalten lassen.
Mit dem Schneebesen 3 **Eiweiß** zu steifem Schnee schlagen und unter die erkaltete Masse rühren.
In Schalen füllen und 3 Stunden in den Kühlschrank stellen.

DAS GEBURTSTAGSFEST

BUNTER IGEL

ZAHNSTOCHER AUS HOLZ IN EINEN BESONDERS SCHÖNEN APFEL STECKEN.

DIE ZAHNSTOCHER DER REIHE NACH MIT KÄSEWÜRFELN, GRÜNEN UND SCHWARZEN OLIVEN, KLEINEN WÜRSTCHEN, PERLZWIEBELN, ANANASSTÜCKEN ODER WEINTRAUBEN BESPICKEN.

DAS SORTIMENT KANN NACH LUST UND LAUNE ERGÄNZT WERDEN, HAUPTSACHE, DAS GANZE IST FARBENFROH UND VERLOCKEND.

EIS-TEE

IN 4 TASSEN DOPPELT STARK AUFGEBRÜHTEN, HEISSEN SCHWARZ-TEE 4 ESSLÖFFEL ZITRONENSAFT, 3 ESSLÖFFEL ZUCKER HINZUGEBEN UND DAS GANZE ERKALTEN LASSEN.

IN JEDES GLAS ZWEI EISWÜRFEL GEBEN UND DEN TEE DARAUFGIESSEN.

EIER

KOCHZEITEN: SEHR WEICHE EIER: 3-4 MINUTEN
MITTELWEICHE EIER: 4-5 MINUTEN
HARTE EIER: 8-10 MINUTEN

DAS EI IN SIEDENDES WASSER GEBEN. DAMIT DAS EI NICHT PLATZT, VORHER DIE SCHALE AM RUNDEN ENDE MIT EINER NADEL DURCHSTECHEN. DAS WASSER MUSS DAS EI BEDECKEN. DAS EI MUSS STÄNDIG IN DEM LEICHT SPRUDELNDEN WASSER GAREN.

Reis

Reiskorn

DER REIS IST EINE GRASPFLANZE, DIE SCHON VOR RUND 7000 JAHREN VON CHINESISCHEN BAUERN ANGEPFLANZT WURDE.
HEUTE IST REIS FÜR ÜBER ZWEI MILLIARDEN MENSCHEN IN ASIEN SOWIE FÜR HUNDERTE VON MILLIONEN IN AFRIKA UND LATEINAMERIKA DAS GRUNDNAHRUNGSMITTEL.

REISSALAT

für 6 Personen

4 Tassen **Wasser** in einem Kochtopf zum Kochen bringen.
2 Tassen **Reis** und 2 Teelöffel **Salz** hinzufügen.
Den Topf gut zudecken.
Den Reis bei kleiner Hitze ungefähr 20 Minuten lang kochen lassen, bis alles Wasser aufgesogen ist. Dann den Reis erkalten lassen.

3 Eßlöffel **Weinessig** mit 3 Eßlöffeln **Wasser** verdünnen, etwas **Salz** und **Pfeffer** hinzufügen und mit 3 Eßlöffeln **Salatöl** verrühren. Diese Soße dann mit dem gekochten Reis vermischen.
250 g gekochten **Schinken** und 4 **Gewürzgurken** in Würfel schneiden und mit 150 g **Erbsen** unter den Reis mischen. Den Salat 2 Stunden ziehen lassen.

RÜHREIER

für 4 Personen

4 **Eier** aufschlagen, 3 Eßlöffel **Milch** dazugießen, mit einem Schneebesen oder einer Gabel schaumig schlagen und nach Bedarf mit **Salz** und **Pfeffer** würzen.
In einer Bratpfanne 1 Eßlöffel **Butter** warm werden lassen, und die Masse bei kleiner Hitze mit einem Holzlöffel so lange umrühren, bis sie, je nach Geschmack, locker oder fest geworden ist.

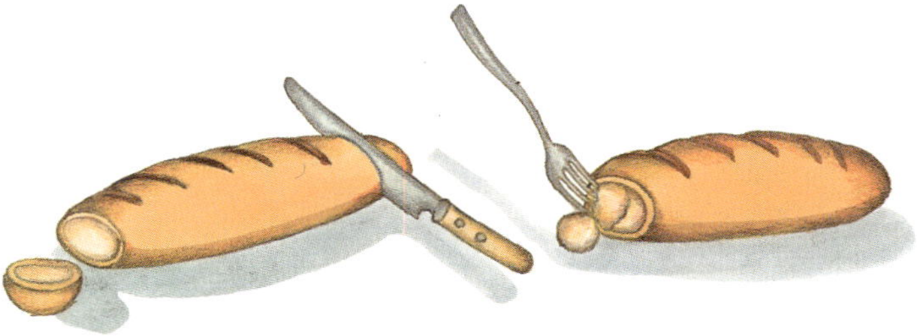

GEFÜLLTES BROT

In einer Bratpfanne 2 Eßlöffel Speiseöl heiß werden lassen. 200 g gehacktes **Rindfleisch** und 200 g gehacktes **Schweinefleisch mit etwas Salz** anbraten.
Von einem **Weißbrot** die beiden Enden abschneiden. Das Brot mit einer Gabel aushöhlen und das Hackfleisch mit den Weißbrotkrumen gut vermischen. (Hände vorher waschen!)
Die durchgeknetete Mischung in das ausgehöhlte Brot füllen.
Die abgeschnittenen Brotenden wieder ansetzen und mit je einem Zahnstocher befestigen. Das gefüllte Brot in eine Aluminiumfolie wickeln und im Ofen bei 150 Grad 25 Minuten backen. Danach ein wenig erkalten lassen. Mimmi und Tommi schneiden das Brot in ca. 2 cm dicke Scheiben und essen Salat dazu.

Kartoffel

DIE KARTOFFEL WURDE IN DER MITTE DES 16. JAHRHUNDERTS AUS IHRER SÜDAMERIKANISCHEN HEIMAT DURCH SPANIER NACH EUROPA GEBRACHT.
NACH UND NACH WURDE DIE PFLANZE HÄUFIGER ANGEBAUT.
ERST IM 18. JAHRHUNDERT, ALS GROSSE TEILE VON MITTELEUROPA VON MISSERNTEN UND HUNGERSNOT HEIMGESUCHT WURDEN, ERKANNTE MAN IHREN WERT.

KARTOFFELSALAT

für 4 Personen

800 g gekochte **Kartoffeln** schälen und in Scheiben schneiden.
1 Tasse **Fleischbrühe**, 3 Eßlöffel **Salatöl**, 2 Eßlöffel **Weinessig** gut miteinander vermischen.
Eine **Zwiebel**, die man vorher schält und in feine Scheiben schneidet, mit den Kartoffeln in eine tiefe Schüssel geben. Die Soße darüber gießen und vorsichtig mischen.
1 Stunde ziehen lassen.
Kartoffelsalat schmeckt zu Würstchen besonders gut.

GEBACKENE KARTOFFELN

für 4 Personen

8 ungeschälte **Kartoffeln** waschen und in 1 cm dicke Scheiben schneiden.
Ein Kuchenblech mit einer bebutterten Aluminiumfolie belegen und darauf nebeneinander die Kartoffelscheiben legen.
Bei 250 Grad 30 bis 40 Minuten backen.
Vor dem Servieren mit etwas **Butter** bepinseln. Mimmi und Tommi mögen diese Kartoffeln am liebsten mit **Kräuterquark**.

Wurstauflauf mit Erbsen

(FÜR 4 PERSONEN)

200 G. ERBSEN AUS DER DOSE IN EINE FEUERFESTE FORM GEBEN UND MEHRERE KLEINE KNACKWÜRSTE DARAUFLEGEN.

IN EINER TIEFEN SCHÜSSEL 4 EIER UND ETWAS SALZ MIT EINER GABEL SCHAUMIG SCHLAGEN UND ÜBER DIE ERBSEN UND WÜRSTE GIESSEN.

IM VORGEHEIZTEN OFEN BEI 200 GRAD 30 MINUTEN BACKEN.

MARMORKUCHEN

200 g **Margarine** mit dem Schneebesen schaumig rühren.
300 g **Zucker** und 5 **Eier** mitrühren. 200 ml **Milch**, 400 g **Mehl**, 3 Teelöffel **Backpulver** und eine Prise **Salz** dazumischen.
Die Teigmasse halbieren.
10 g **Vanillezucker** unter die eine Teighälfte mischen.
100 g **Schokolade** schmelzen und unter die andere Hälfte mischen.
Mit einem großen Löffel die Teighälften in eine große, eingefettete Springform füllen, und die Masse mit einer Gabel spiralförmig durchziehen.
Im Ofen bei 180 Grad 60 Minuten auf der untersten Schiene backen.

APFELSCHMAUS

für 4 Personen

250 g **Weißbrotreste** fein schneiden.
In einer Bratpfanne 1 ½ Eßlöffel **Butter** heiß werden lassen, und die Brotreste darin hellgelb rösten.
600 g **Äpfel** schälen, entkernen und in dünne Schnitze schneiden.
Brot und Äpfel lagenweise in eine bebutterte Auflaufform geben. 4 Eßlöffel geriebene **Haselnüsse** und 2 Eßlöffel **Rosinen** dazwischen streuen.
In einer tiefen Schüssel 3 **Eier**, 100 ml **Milch**, 100 ml **Sahne**, 3 Eßlöffel **Zucker** mit dem Schneebesen schaumig schlagen und über den Auflauf geben.
Im Ofen bei 180 Grad goldbraun backen.

MIMMIS UND TOMMIS LIEBLINGSGEBÄCK

2 **Eier** und 160 g **Zucker** mit dem Schneebesen schaumig schlagen.
200 g **Mehl** und eine Tasse **Rosinen** dazugeben. Alles zu einem glatten Teig verrühren und auf ein eingefettetes Backblech 1 cm dick streichen.
Bei 160 Grad 20 Minuten lang backen.
Danach, solange es noch warm ist, in Rauten schneiden.

Was brodelt wo im Topf?

GULLIVERS BÜCHER

Peter Härtling
1 **BEN LIEBT ANNA**
Bilder von Sophie Brandes.
80 Seiten (78001)

Janosch
2 **OH, WIE SCHÖN IST PANAMA**
Vierfarbiges Bilderbuch. 48 Seiten (78002)

Frederik Hetmann
3 **WEISSES PFERD, SCHWARZER BERG**
Kindergeschichten aus Irland
Bilder von Sabine Friedrichson
64 Seiten (78003)

Mirjam Pressler
4 **BITTERSCHOKOLADE**
Roman. 124 Seiten (78004)

Hans Manz
5 **DIE KUNST, ZWISCHEN DEN ZEILEN ZU LESEN**
Neues Sprachbuch für Kinder
Zeichnungen von Moritz Baumgartl
144 Seiten (78005)

Utta Wickert
6 **IM JAHR DER SCHLANGE**
Tizars Geschichte. 120 Seiten (78006)

Susanne Kilian
7 **LENAKIND**
Eine Mädchengeschichte. 96 Seiten (78007)

Christine Nöstlinger
8 **LOLLIPOP**
Bilder von Angelika Kaufmann
120 Seiten (78008)

Monika Pelz
9 **ALARM**
Eine Geschichte aus der Zukunft
Bilder von Wolfgang Rudelius
68 Seiten (78009)

Helga Gebert
10 **DAS GROSSE RÄTSELBUCH**
Mit vielen Suchbildern. 120 Seiten (78010)

Janosch
11 **KOMM, WIR FINDEN EINEN SCHATZ**
Vierfarbiges Bilderbuch. 48 Seiten (78011)

Sophie Brandes
12 **HAUPTSACHE, JEMAND HAT DICH LIEB**
Roman
Bilder von Sophie Brandes. 160 Seiten (78012)

Erwin Moser
13 **DIE GESCHICHTE VON PHILIP SCHNAUZE**
Vierfarbiges Bilderbuch. 44 Seiten (78013)

Peter Härtling
14 **THEO HAUT AB**
Roman
Bilder von Waltraut und Friedel Schmidt
128 Seiten (78014)

Hans-Joachim Gelberg (Hrsg.)
15 **NUSSKNACKER**
Über Kinderbücher und Autoren
aus dem Programm Beltz & Gelberg
180 Seiten (78015)

Ingrid Bachér
16 **DAS WAR DOCH IMMER SO?**
Merkbuch für Mädchen & Jungen
Zeichnungen von Marie Marcks
Fotos von Wolfgang Rudelius
ca. 100 Seiten (78016)

Dagmar Chidolue
17 **LIEBER, LIEBER TONI**
Erzählung. Bilder von Edith Lang
92 Seiten (78017)

Rüdiger Stoye
18 **HERR MICK, HERR MÖCK, HERR MOLL**
Geschichte mit Bildern. 68 Seiten (78018)

Mario Grasso
19 **WAS BRODELT IM TOPF?**
Kochen und backen mit Mimmi und Tommi
44 Seiten (78019)

Erwin Moser
20 **DAS HAUS AUF DEM FLIEGENDEN FELSEN**
Bilder und Geschichten. 88 Seiten (78020)

Arnulf Zitelmann
21 **UNTER GAUKLERN**
Abenteuer-Roman. 188 Seiten (78021)

John Tully
22 **DAS GLÄSERNE MESSER**
Abenteuer-Roman
Aus dem Englischen von Irmela Brender
244 Seiten (78022)